Illustrations by Paula Knight (Advocate)
English language consultant: Betty Root

This is a Parragon Publishing book
This edition published in 2003

Parragon Publishing
Queen Street House
4 Queen Street
BATH, BA1 1HE, UK

ISBN   0-75257-768-9

Printed in China

MES 100 PREMIERS MOTS

illustré par
Paula Knight

Mes 100 Premiers Mots Français–Anglais

Ma famille
My family

Maman
Mom

Papa
Dad

le frère
brother

la soeur
sister

le bébé
baby

la grand-maman
grandma

le grand-papa
grandpa

le chien
dog

A la maison
In my home

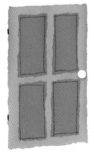

la porte
door

la fenêtre
window

le tapis
rug

la télévision
television

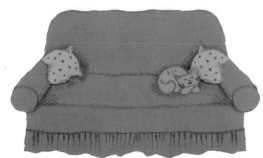

la chaise
chair

le canapé
sofa

la table
table

les fleurs
flowers

Je m'habille
Getting dressed

le maillot
undershirt

le caleçon
underpants

le short
shorts

le pantalon
pants

a jupe
skirt

les chaussettes
socks

les chaussures
shoes

la chemise
shirt

le pullover
sweater

Le repas
Mealtime

le bol
bowl

l'assiette
plate

le pichet
pitcher

le couteau
knife

la fourchette
fork

la cuillère
spoon

la tasse
cup

la soucoupe
saucer

Le jeu
Playtime

le train
train

la Trompette
trumpet

le tambour
drum

les cubes
blocks

le diable à ressort   la poupée

jack-in-the-box   doll

la boîte de peinture    le puzzle

paints   puzzle

En ville
In town

MODES

l'autobus
bus

le camion
truck

le magasin
store

le vélo
bicycle

a voiture
car

la poussette
stroller

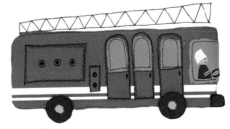

le camion de pompiers
fire truck

la moto
motorcycle

Au parc
In the park

les balançoires
swings

le toboggan
slide

la bascule
seesaw

le ballon
ball

la barrière
gate

l'arbre
tree

l'oiseau
bird

le cerf-volant
kite

Au bord de la mer
At the seashore

le seau
pail

la pelle
shovel

la glace
ice cream

le poisson
fish

le château de sable
sandcastle

le t-shirt
T-shirt

le crabe
crab

le bateau
boat

le coquillage
shell

Au magasin
At the store

le panier
basket

le chariot
cart

les bananes
bananas

les pommes
apples

les oranges
oranges

les carottes
carrots

le pain
bread

les tomates
tomatoes

le lait
milk

le fromage
cheese

A la ferme
On the farm

le cheval
horse

la vache
cow

le fermier
farmer

le cochon
pig

la poule
chicken

le chat
cat

le mouton
sheep

le tracteur
tractor

L'heure du bain
Bathtime

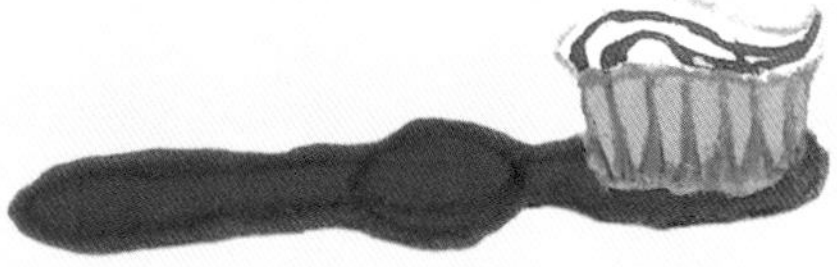

la brosse à dents
toothbrush

le dentifrice
toothpaste

la baignoire
bathtub

le canard
duck

le savon
soap

la serviette
towel

le pot
potty

le lavabo
sink

L'heure du lit
Bedtime

la lampe
lamp

les pantoufles
slippers

le lit
bed

le réveil matin
clock

le livre
book

la lune
moon

le pyjama
pajamas

l'ourson
teddy bear

Les expressions utiles Useful phrases

Bonjour   Hello
Au revoir   Goodbye

Oui   Yes
Non   No
S'il vous plaît   Please
Merci   Thank you

Bonjour   Good morning
Bonsoir   Good day
Bonne nuit   Goodnight

Comment t'appelles-tu?   What is your name?
Je m'appelle ...   My name is ...

Comment vas-tu?   How are you?
Je vais très bien.   I am very well.

Où habites-tu?   Where do you live?
J'habite à ...   I live in ...

Quel âge as-tu?
How old are you?

J'ai ... ans.
I am ... years old.

Les parties du corps Parts of the body

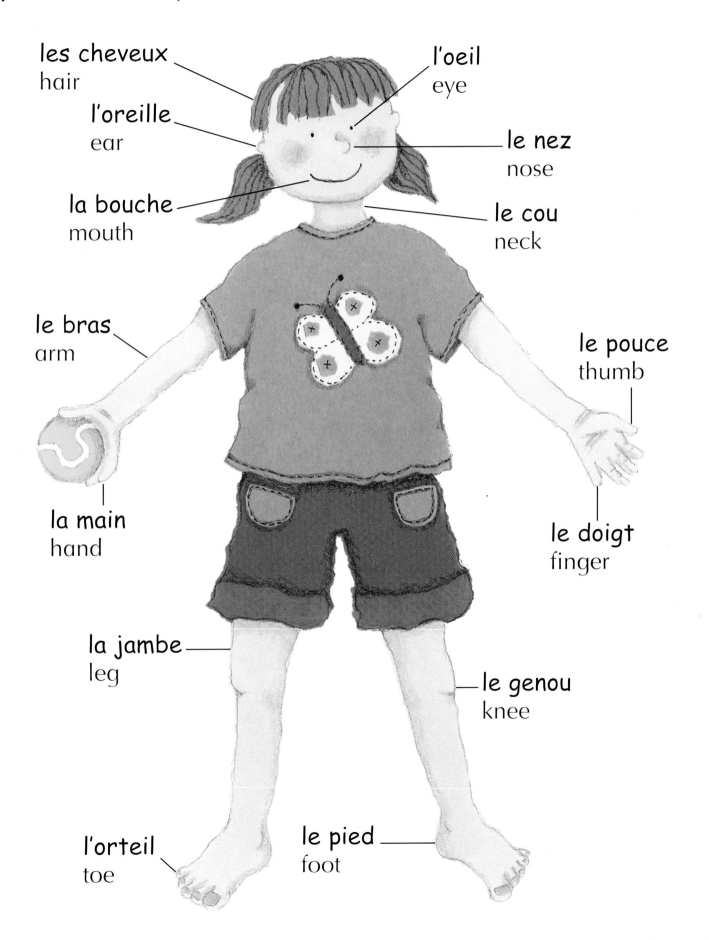

les cheveux
hair

l'oeil
eye

l'oreille
ear

le nez
nose

la bouche
mouth

le cou
neck

le bras
arm

le pouce
thumb

la main
hand

le doigt
finger

la jambe
leg

le genou
knee

l'orteil
toe

le pied
foot

Les jours de la semaine
Days of the week

lundi	Monday
mardi	Tuesday
mercredi	Wednesday
jeudi	Thursday
vendredi	Friday
samedi	Saturday
dimanche	Sunday

Les mois de l'année
Months of the year

janvier	January
février	February
mars	March
avril	April
mai	May
juin	June
juillet	July
août	August
septembre	September
octobre	October
novembre	November
décembre	December

Les couleurs Colors

blanc white   **rouge** red   **noir** black   **brun** brown

orange orange   **rose** pink   **jaune** yellow

violet purple   **vert** green   **bleu** blue

Les nombres Numbers

un one

deux two

trois three

quatre four

cinq five

six six

sept seven

huit eight

neuf nine

dix ten

11	onze
12	douze
13	treize
14	quatorze
15	quinze
16	seize
17	dix-sept
18	dix-huit
19	dix-neuf
20	vingt
30	trente
40	quarante
50	cinquante
60	soixante
70	soixante-dix
80	quatre-vingt
90	quatre-vingt-dix
100	cent
1,000	mille
1,000,000	un million

Word list

a

l'arbre	*tree*
l'assiette	*plate*
l'autobus	*bus*

b

la baignoire	*bathtub*
les balançoires	*swings*
le ballon	*ball*
la banane	*banana*
la barrière	*gate*
la bascule	*seesaw*
le bateau	*boat*
le bébé	*baby*
blanc	*white*
bleu	*blue*
la boîte de peinture	*paints*
le bol	*bowl*
la bouche	*mouth*
le bras	*arm*
la brosse à dents	*toothbrush*
brun	*brown*

c

le caleçon	*underpants*
le camion	*truck*
le camion de pompiers	*fire truck*
le canapé	*sofa*
le canard	*duck*
la carotte	*carrot*
le cerf-volant	*kite*
la chaise	*chair*
le chariot	*cart*
le chat	*cat*
le château de sable	*sandcastle*
les chaussettes	*socks*
les chaussures	*shoes*
la chemise	*shirt*
le cheval	*horse*
les cheveux	*hair*
le chien	*dog*
le cochon	*pig*
le coquillage	*shell*
le cou	*neck*
la couleur	*colour*
le couteau	*knife*
le crabe	*crab*
le cube	*block*
la cuillère	*spoon*

d

le dentifrice	*toothpaste*
le diable à ressort	*jack-in-the-box*
le doigt	*finger*

f

la famille	*family*
la fenêtre	*window*
la ferme	*farm*
le fermier	*farmer*
la fleur	*flower*
la fourchette	*fork*
le frère	*brother*
le fromage	*cheese*

g

le genou	*knee*
la glace	*ice cream*
la grand-maman	*grandma*
le grand-papa	*grandpa*

j

la jambe	*leg*
jaune	*yellow*
le jeu	*play*
la jupe	*skirt*

l

le lait	*milk*
la lampe	*lamp*
le lavabo	*sink*
le lit	*bed*
le livre	*book*
la lune	*moon*

m

le magasin	*store*
le maillot	*undershirt*
la main	*hand*
la maison	*house*
Maman	*Mom*
la mer	*sea*
la moto	*motorcycle*
le mouton	*sheep*

n\o

le nez	*nose*
noir	*black*
l'oeil	*eye*
l'oiseau	*bird*
l'orange, orange	*orange*
l'oreille	*ear*
l'orteil	*toe*
l'ourson	*teddy bear*

p

le pain	*bread*
le panier	*basket*
le pantalon	*pants*
la pantoufle	*slipper*
Papa	*Dad*
le parc	*park*
la pelle	*shovel*
le pichet	*pitcher*
le pied	*foot*
le poisson	*fish*
la pomme	*apple*
la porte	*door*
le pot	*potty*
le pouce	*thumb*
la poule	*hen*
la poupée	*doll*
la poussette	*stroller*
le pullover	*sweater*
le puzzle	*puzzle*
le pyjama	*pajamas*

r

le repas	*meal*
le réveil matin	*clock*
rose	*pink*
rouge	*red*

s

le savon	*soap*
le seau	*pail*
la serviette	*towel*
le short	*shorts*
la soeur	*sister*
la soucoupe	*saucer*
le supermarché	*supermarket*

t

la table	*table*
le tambour	*drum*
le tapis	*rug*
la tasse	*cup*
la télévision	*television*
le toboggan	*slide*
la tomate	*tomato*
le tracteur	*tractor*
le train	*train*
la trompette	*trumpet*
le t-shirt	*T-shirt*

v

la vache	*cow*
le vélo	*bicycle*
vert	*green*
la ville	*town*
violet	*purple*
la voiture	*car*